幼兒**品德發展**系列

善待朋友

麗絲·連濃 著
米高·巴克斯頓 繪

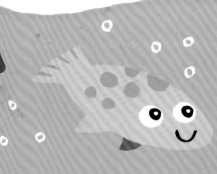

新雅文化事業有限公司
www.sunya.com.hk

幼兒品德發展系列
善待朋友

作　　者：麗絲·連濃（Liz Lennon）
插　　畫：米高·巴克斯頓（Michael Buxton）
翻　　譯：何思維
責任編輯：劉紀均
美術設計：劉麗萍
出　　版：新雅文化事業有限公司
　　　　　香港英皇道499號北角工業大廈18樓
　　　　　電話：(852) 2138 7998
　　　　　傳真：(852) 2597 4003
　　　　　網址：http://www.sunya.com.hk
　　　　　電郵：marketing@sunya.com.hk
發　　行：香港聯合書刊物流有限公司
　　　　　香港荃灣德士古道220-248號荃灣工業中心16樓
　　　　　電話：(852) 2150 2100
　　　　　傳真：(852) 2407 3062
　　　　　電郵：info@suplogistics.com.hk
印　　刷：中華商務彩色印刷有限公司
　　　　　香港新界大埔汀麗路36號
版　　次：二〇二一年四月初版

ISBN: 978-962-08-7742-1
Original Title: *I Care About My Friends*
First published in Great Britain in 2020 by The Watts Publishing Group
Text and illustrations © The Watts Publishing Group, 2020
All rights reserved.
Franklin Watts, an imprint of Hachette Children's Group
Part of The Watts Publishing Group
Carmelite House
50 Victoria Embankment
London EC4Y 0DZ
An Hachette UK Company
www.hachette.co.uk
www.franklinwatts.co.uk

Traditional Chinese Edition © 2021 by Sun Ya Publications (HK) Ltd.
18/F, North Point Industrial Building, 499 King's Road, Hong Kong
Published in Hong Kong, China
Printed in China

目錄

朋友樂趣多

　　朋友，就是你很喜歡跟他們待在一起的人。你們可能有相同嗜好，或是覺得彼此很有趣。你和朋友喜歡一起玩，一起尋找樂趣。

朋友在我們的人生裏佔
有很重要的位置。朋友會互
相支持和關懷。

結交朋友

在茫茫人海中，你會選擇誰成為你的朋友呢？我們經常會選擇那些跟自己有相同喜好的人。朋友會讓我們笑，令我們心情愉快，多美好啊！

每個人都不一樣，有些人喜歡
與很多朋友聚在一起，有些人卻只
喜歡跟一、兩個朋友在一起。

害羞的時候

有時候，我們會感到害羞，也許是你處於一個新環境，或是看到大家似乎都已經有同伴了！當我們感到害羞時，微笑就是最好的應對方法。你也可以向別人提問，找出他們的喜好。

結交新朋友的魔法

笑一笑，説一説：

- 🖤 你好嗎？你喜歡玩什麼？
- 🖤 我喜歡踢足球／畫畫／表演。
  你想跟我一起玩嗎？

9

對待朋友

交到朋友後，你就要成為別人的良朋益友啊！你可以做的事有很多，例如跟別人輪流玩遊戲、留心聆聽別人的話。當朋友難過時，你要安慰他們。

分享

微笑

幫助

友善

輪流

聆聽

想一想……

- 怎樣做才能令自己成為別人的良朋益友？
- 你希望朋友怎樣對待你？

不同的情緒

要成為別人的好朋友，你就要學會了解自己和別人的情緒。當你能體會別人的情緒，就能成為樂於助人的朋友；當你明白自己的情緒，就能知道什麼時候需要尋求別人幫助了。

快樂

難過

平靜

煩躁

高興

生氣

情緒跟天氣一樣,也會時
好時壞,這是我們日常生活的
一部分。

關心別人，學習分享

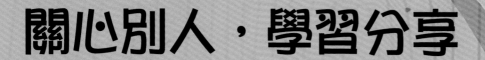

　　一旦有了朋友，就意味着我們要跟對方分享東西，例如自己的玩具。不過跟別人分享並不是一件容易的事！你可以告訴自己「這只是一陣子」，而且一起玩更有趣。

什麼是分享？

我們跟別人分享時，會把自己擁有的東西整個或部分交給對方。我們和別人分享後，有時已預計對方不會把東西還給自己，有時會希望對方用完後可以拿回來。

想交到知心好友，你就要學會分享。

吵架了

你有時會覺得朋友很難相處，這種情況也是正常的。也許因為你的朋友不讓你加入某個遊戲，或是你們各自想玩不同的遊戲。

我可以怎樣做？

朋友絕不應該強迫你做自己不想做的事情，要是對方這樣待你，你應該要禮貌地拒絕，然後離開。

如果你還是很擔心，請跟一個值得信任的大人談談。

有時候，你甚至可能不知道為什麼朋友會生你的氣，或是對方無法理解你為什麼生他們的氣。但是到了明天，大家就會忘記不開心的事情了！因為大家是好朋友啊！

和好如初

　　要是你跟朋友吵架了，你可以試着跟對方談談呢！因為有時候，我們很難想像朋友的感受。這時，我們要設身處地，從對方的角度思考。你也可試試想像，如果相同的事情發生在你身上，你會有什麼感受？

我可以怎樣做？

- 說出你的感受，但不要把對方以往做錯的事說個沒完沒了啊！
- 靜靜地、耐心地聆聽朋友的說話。
- 如果你們還是未能和好如初，那就請一個值得信賴的大人幫忙吧！也許是最公平公正的方法呢！

欺凌行為

我們要好好對待朋友，不要傷害他們啊！我們不要踢朋友一腳，也不要打他們，不要拉扯他們的頭髮，也不要令他們傷心啊！

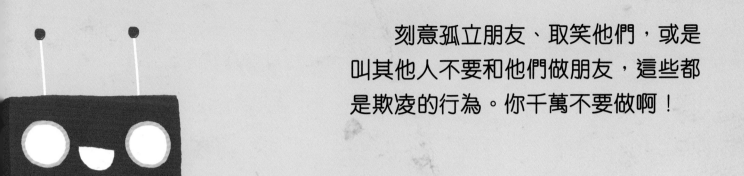

刻意孤立朋友、取笑他們，或是叫其他人不要和他們做朋友，這些都是欺凌的行為。你千萬不要做啊！

遇上欺凌 怎麼辦？

- 可以的話，遠離那個環境。
- 將此事告訴值得信賴的大人。
- 請記住，對方也許不知道自己正在欺凌你。

小心說話

　　欺凌不單是指對朋友動手動腳，其實言語也可以傷害別人。想像一下如果有人對你說這些話，你會有什麼感受呢？

　　請儘量在說話前想清楚，不要說一些會令朋友難過的話啊！

最好的朋友

有些人能找到最好的同伴，那就是他們最喜歡的朋友。如果你也找到，那就太好了！但記住不要因此而不跟其他朋友來往。

不是每個人也會找到好同伴，不過那也沒關係的。

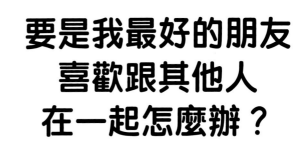

要是我最好的朋友喜歡跟其他人在一起怎麼辦？

你的好朋友可能也會想跟其他朋友一起玩，或許你會因此而難過。就算你不想加入，也不要為此而跟你的好朋友吵架。每個人也有交不同朋友的權利，包括你在內。

三五知己

你有總是喜歡聚在一起的幾個好朋友嗎？有時候，大家一起玩得很愉快，但有時也會相處得不太融洽。

想一想……

- 你喜歡某幾個朋友的主要原因是什麼？
- 要是朋友對別人不友善，你會怎樣做呢？

你們就像一塊一塊的拼圖，有時很容易就拼對了，但有些時候卻要多花點時間，才能把拼圖湊在一起。

27

漸變的友誼

隨着成長，也許你會在新的興趣班或新的學校認識到新朋友。交到新朋友真開心啊！

我很擔心面對改變怎麼辦？

友誼的改變是人生一部分，也是正常不過的事。但如果你因為友誼的改變而感到難過或擔心，請你跟可信任的大人說說自己的感受。

你可能會一直跟以前認識的朋友維繫友誼。可是，你也可能會改變，跟某些朋友漸漸疏遠。

請好好記住

交朋友時，多點主動提問和微笑。

善待你的朋友。

朋友數目的多少並不重要。

懂得體會別人的感受。

分享是表現關懷的一種行為。

偶爾跟朋友吵架是正常的。

友誼常變，這是正常的事。

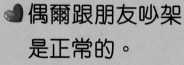

不要欺凌別人。

中英常用詞語

欺凌 bullying　　　對別人拳打腳踢或用言語傷害
　　　　　　　　　　他人

分享 share　　　　讓別人使用你的東西，或是把
　　　　　　　　　　某些東西分給別人

害羞 shy　　　　　因某些事而感到緊張，例如跟
　　　　　　　　　　他人交談

支持 support　　　幫助別人

值得信任的大人　　能夠分享你煩惱的人，例如
trusted adult　　　父母、親友或老師

中英對照索引